Nach jahrelangem Umherziehen und Ausprobieren ist Frank also beim Schreiben gelandet. Eigentlich hatte er vor 19 Jahren schon mal was in der Richtung versucht, die Musik allerdings hatte ihn anfangs mehr in ihren Bann gezogen. Was man nicht alles tut, um nur mal eine rum zubekommen.

Frank Nihil – veröffentlichte zuerst auf kleinen Blogs und in kostenlosen Szene-Heften aus seiner Heimatstadt Karlsruhe, von wo aus er versucht nicht zu viel zu trinken, nicht zu scheitern, nicht zu verzweifeln und seinen regulären 8-Stundenjob, so gut es eben geht, zu vergessen.

Frank Nihil

Essay oder Stirb

Geschichten, Gedanken, Gedichte

Herstellung und Verlag:
BoD – Books on Demand,
Norderstedt.
ISBN: 9783732280117

Februar 2014

Umschlaggestaltung und Bebilderung
in Zusammenarbeit mit seekanddesign.
Texte sind fast in
chronologischer Reihenfolge.
Einige sind zuvor im Art Empire
und bei whywelikeyou
erschienen.

franknihil.de

Antrieb 7

Jeder Faden reißt mal ab 9

Und weiter geht's. Ein kurzes Essay über Musik, Laster und das Leben 11

Das ist normal 14

Immer wieder 16

Mad Men 18

Als meine kleine kaum existierende Musikkarriere den Bach runter ging 19

Wenn die Ablenkung zur Gefahr wird 22

Hinterher 24

Blinde Kuh im Glashaus 26

An diesem Tag bleibt die Arbeit liegen 28

Die gute Seite des Wartens 31

Hollywood 33

Einen Plan gibt es nicht 34

Träume 35

Die dunkle Seite 36

Das Warten 37

Wen interessiert's 39

Nur ein Prozess 40

Auf der Flucht baut man Scheiße 41

Oasen im Chaos 44

Digitales Desaster 45

Aus dem Nähkästchen 47

Alles steht Kopf 49

Ist schon Frühjahr? 51

Was soll der Mist 52

Sinnlose Zeit verschwendet 53

Es ist…, ach scheißegal! 57

Zigarettenstummel im Blumenkasten 59

Ein kleiner Funke und ein Berg Asche 60

Bodenhaftung 63

Zugfahren 64

Hoffentlich 65

Couch, Kühlschrank, Couch 66

Dienstagabende und die Weltverbesserer 68

Beschäftigungstherapie für jedermann 70

Ankommen um zu gehen 72

Ich glaube an nichts 74

Gloria 76

So geht es nicht mehr weiter 77

Sieben bis vier 79

Kalter Rauch 82

Klassentreffen 83

Blöd 86

Pinkelpause vor der Autobahnauffahrt
Richtung Hölle 87

Noch im Rahmen 89

Antrieb

Kacke. Was hat mich da nur geritten, eine Kolumne für das Art Empire zu schreiben. Langeweile kann es irgendwie nicht sein. Obwohl... kann man das so genau wissen? Jeder braucht was zu tun, eine Beschäftigung, sei es ein Buch lesen, verreisen, im Starbucks mit oder ohne Notebook allein in der Ecke sitzen oder Serien schauen, in Kinoqualität, was meiner Meinung nach so abhängig macht wie Kiffen und mittlerweile sogar dafür sorgt nüchtern vor der Glotze hocken zu bleiben, damit zumindest was hängen bleibt bei fünf Folgen Dexter am Stück. Andere wiederum gehen im Job voll auf und tauschen Zeit und vielleicht einen Haufen Kohle für die besten Jahre ein. Aber zum Glück sind wir dumm genug, um doch irgendwie das zu tun, was von uns verlangt wird. So dreht sich das Rad immer weiter, geschmiert vom Nötigsten, denn mehr muss es nicht sein in dieser Welt, die hoffentlich endlich kapiert hat, dass Mittelmaß ausreicht und alles andere einfach nur übertrieben und unnötig ist. Okay, ein paar im Streberland haben nix verstanden, die armen Trottel können auch einfach nicht anders. Sie wollen die Welt

verbessern und machen es nur noch schlimmer für uns faulen Säcke. Ich finde es ganz okay so wie es ist. Wann war die Welt schon mal in Ordnung? Vielleicht als sich noch keiner einen Kopf gemacht hat, was er mit seiner Zeit anstellen soll oder sich eingeredet hat, er verändere etwas nur um sich besser zu fühlen oder anzugeben. Am Ende geben wir unsere Illusion ja sowieso auf und gestehen uns heimlich ein, dass unser Ego die Beschäftigung, die Bestätigung, die Einbildung braucht, nicht austauschbar zu sein, etwas Bedeutsames zu erschaffen oder zu zerstören, um sich Lorbeeren aufzusetzen oder aufsetzen zu lassen und alles andere zu vergessen, zumindest für eine Weile. Die Erkenntnis schmerzt.
Aber was zum Henker treibt uns immer wieder an?

Jeder Faden reißt mal ab

Ewig leben, das wär schon was, zu sehen, wie alles den Bach runter geht, der Kapitalismus, die Religionen, die längst überfällige Finanzwelt, oder die ganze Welt. Zu wissen, wer nun recht hat oder unrecht, ob wir in der Lage sind uns selbst zu retten, andere Sonnensysteme zu besuchen, anderes Leben zu treffen? Oder ob wir einfach nur dazu verdammt sind, zuzuschauen, wie unsere Sonne uns langsam verbrennt oder vorher ein prächtiger Steinbrocken aus dem Weltall wieder mal unsere Umlaufbahn kreuzt? Dies mitzubekommen wär schon was, irgendwie. Ziemlich schade wäre es allerdings, wenn alles noch in diesem Leben stattfände, das will man dann natürlich auch wieder nicht. In der Zwischenzeit warten wir solange auf den Bus, auf einen besonderen Augenblick, einen Fick oder die Nachrichten. Die Erleuchtung kommt meist zu spät oder nie. Dann doch lieber nie, oder? Auf Teufel komm raus versuchen wir unsere Zeit zu nutzen, so gut es halt geht, verfangen uns stetig weiter im Spinnennetz der Gedanken und saufen uns die Hucke voll, um wieder klar zu kommen und um zu vergessen was auf uns wartet – nichts.

Umsonst Bücher gewälzt, umsonst Frauen nachgestellt, umsonst billigen Wein gekauft, um einen Moment herbeizuführen, den wir uns lange erhofft hatten, der natürlich dann ganz anders ist als erwartet, ja fast verrückt hat es uns gemacht und aufgezeigt, dass das Nichts irgendwie genauso reizvoll ist wie immer wieder auf die Fresse zu fallen. „Noch ein Bier?", fragte die Barfrau. „Ja warum nicht, dazu bitte 4cl von dem Canadian Club, ohne Eis. Danke."

Und weiter geht's. Ein kurzer Essay über Musik, Laster und das Leben

Irgendwie bin ich schon scharf darauf dieses Zeug hier zu schreiben. Schade, dass mir sicher bald der Stoff ausgeht. Aber was ist schon von Dauer?
Die gute alte Muse kommt und geht ohne Vorwarnung. Nur weshalb ich mittlerweile schreibe, frage ich mich, auf der Couch liegend, mit dem Notebook auf dem Bauch und dem Verlangen aufzustehen um mir eine anzustecken. Vor Jahren wurde noch genüsslich drinnen geraucht. Und obwohl ich nun schon so lange rauche, habe ich nie so richtig angefangen Kette zu rauchen. Soll ich vielleicht doch einfach hier eine? Die Flasche im Regal lacht mich auch schon wieder so an.

Naja, wenn ich in den letzten 18 Jahren etwas gelernt habe, als ich mit Bands und Solo ein wenig rumgekommen bin, dann, dass man Laster nicht einfach loswird, nein, man quält sich zuerst und tauscht sie dann gegen andere aus. Warum auch nicht. So lange ein Bedürfnis der Befriedigung besteht und niemand außer einem selbst zu Schaden kommt.

Ich weiß, damit begebe ich mich auf dünnes Eis. Aber einmal angeworfen, verbrennt der gute alte Muse-Motor um am Laufen zu bleiben, einfach alles, was ihm in den Weg kommt, ohne Rücksicht, ohne Kompromiss und ohne ein Ende in Sicht. Also, da liege ich nun, mit offenem Mund, staunend, immer noch wartend, wann endlich die Zufriedenheit einsetzt und wie ein Wille die Energie aufbringt zu streben und dabei Sinn und Versagen zu ignorieren. Leidenschaft und Dummheit sind wohl zusammen das beste Mittel gegen Langeweile und Stillstand. Verflucht sei auf jeden Fall der Verstand, der mit mir und tausend verwirrenden Gedanken jeden Tag immer schneller Karussell fährt. Ich gieße mir ein und bewege mich langsam, schon etwas benommen, Richtung Balkon, mit Blick in anderer Leute Wohnzimmer, schrecklichen Einrichtungen und Leben, danach geht's ins Bad, wo ich immer mehr graue, vom Spliss befallene Barthaare, vorm Badspiegel entferne.

Ich bin gespannt, welches Laster wohl als nächstes kommt.

Das ist normal

Wenn Monate verstreichen wie Tage und schon wieder das kack Weihnachten vor der Tür wartet, fragt man sich jedes Jahr auf's neue, ob das noch normal ist und wie es so weiter gehen kann. Und warum überhaupt? Sollte die Zeit eigentlich nicht langsamer verstreichen?
Die große Entdeckungssause ist vorbei.
Man hat alles schon mal irgendwie mitgemacht, durchgemacht, kennengelernt, angefangen und abgebrochen, aber keine Spur von Langeweile. Komisch.
Nebenan ertönt gerade das Saxofon aus Nachbars Wohnung. Kurz vor Weihnachten scheint es so langsam hinzuhauen, wird auch langsam mal Zeit nach jahrelangem Training und schiefen Tönen. Übung macht anscheinend aber noch lange keinen Meister, denn nach all meinen Jahren an Lebenstraining, müsste ich den Dreh ja schon längst oder zumindest langsam raus haben.
Zumindest nahm ich das in meiner Jugend mal an. Stellt sich nun die Frage, wozu habe ich es bloß bis hierher geschafft und vor allem wie?

Man beißt sich halt so durch, sagt man, aber wohl eher irgendwo fest und dann wird man einfach mitgeschleift - zumindest ist es in meinem Fall so.
Mit einigen Misserfolgen, Demütigungen und saudummen Fehlern im Gepäck, mal mehr oder weniger daraus gelernt, muss ich mir eingestehen, dass mir die Reise langsam aber sicher am Arsch vorbei geht.
Ist das jetzt gut oder schlecht?
Ich bemerke einfach wie ich mehr und mehr abstumpfe, während die Kiste gemächlich immer näher kommt. Dabei leuchtet mir schon ein, warum das so sein sollte, aber warum muss man das denn überhaupt mitbekommen?
Egal, ein Hoch auf das Abklingen der Gefühle.

Immer wieder

Was ist schlimmer: niemals seine gesteckten Ziele
zu erreichen oder seine Ziele zu erreichen und
dabei zu erkennen, dass man das gar nicht wollte,
gar nicht braucht oder einen gar nicht mehr
interessiert? Oder, dass man denkt:
"War's das etwa, das kann doch nicht schon alles
gewesen sein, auf den Scheiß habe ich so lange
hingearbeitet?"
Natürlich kann man sich neue Ziele setzen, aber
hilft das? Tausendmal versucht, tausendmal
festgestellt: Nichts scheint genug! Zum Verzweifeln
ist das. Zum Glück wurde Whiskey erfunden.
Leider sind zufriedene Menschen nicht
automatisch auch glücklich. Aber was ist schon
Glücklich-sein: eine Stufe kurz vorm Unglücklich-
sein? Es reicht allemal um mich ein wenig besser
zu fühlen. Zumindest bis mir wieder einfällt, dass
nichts von Dauer ist.

So schleppen wir uns also weiter durch den
schlammigen Grund, wo sich in jeder Sekunde und
mit jeder Bewegung etwas ändern kann und sogar
auch, wenn wir rein gar nichts tun.

Wünsche, Verlangen, Hingabe und Abneigung verschwimmen dabei zu einem Brei, bis wir schlussendlich steckenbleiben und verenden.

Dabei erschien es zeitweise so leicht, als man noch jung, fast ein Kind war, als man sich auf nichts anderes gefreut hat außer endlich richtig erwachsen zu werden. Aufgeschaut und gestaunt haben wir über die Gelassenheit und Ruhe der Alten. Den grauen Göttern von Gestern schien die Kontrolle und Weisheit einfach mit in die Wiege gelegt. Heute weiß ich oder rede mir ein, dass es nur Show ist. Für einen kleinen Augenblick dachte ich, ich hab's, so müsste es gehen, aber damit hatte ich meine Niederlage im Voraus schon besiegelt. Muss ich mich mit irgendwem oder irgendwas, außer mir selbst, noch arrangieren, einen Deal aushandeln, mein restliches Stück Seele verkaufen um wieder Fuß zu fassen? Oder bleibt wieder nur Schnaps und Gras? Ist Flucht die einzig wahre Lösung? In der Zwischenzeit tippe ich hier so lange, denn so lange ich tippe muss ich nichts anderes machen. Also doch Flucht. Mal wieder.

Mad Men

Verdammt. Die Staffel meiner Lieblingsserie ist gerade zu Ende und ein riesiges Loch tut sich auf, zumindest bis die neue Staffel wieder anläuft. Dauert ja nur ein Jahr.
Und dann stellt sich wieder die Frage, was für Köpfe sich jedes Jahr aufs Neue solche Stories einfallen lassen. Denn es wird so leidenschaftlich inszeniert, gespielt und in Szene gesetzt, dass jede einzelne Szene ein wahres Fest, ein Feuerwerk wird, ohne Ausnahme. Man wird quasi in einen rauschähnlichen Zustand versetzt bis man einfach nicht mehr anders kann als jedem Trottel der vorbei kommt, von der tollen Story zu erzählen, um ihn mehr oder weniger anzufixen. Dabei macht man sich meist zum Affen, aber das spielt keine Rolle, man ist von dem Produkt so überzeugt, wie ein Verkäufer, ein lebender Werbeträger. Ziel erreicht.
Wie bekommen die das immer wieder hin, teilweise Stunden am Stück, ohne einen Durchhänger, ihr Ding so durchzuziehen? Bild, Ton, Text und Schnitt sitzen genau an der richtigen Stelle. Und ich, ich kratze mit Müh und Not ein paar Wörter zusammen, um einen zumindest für

mich verständlichen Text zu verfassen, um die Situation besser verstehen zu können, um mich besser verstehen zu können, und um es dann in die weite Welt hinaus zu tragen. Natürlich. Was sonst. Ob die auch ihre Vorbilder oder Helden haben? Und wissen die, dass sie selbst welche werden könnten? Vermutlich. Es scheint zumindest so, als ob die genau wissen was sie tun und wollen.

Ich weiß meistens nur was ich nicht will, und da bin ich mir irgendwann auch nicht mehr sicher. Alles auf einen Nenner bringen, einen Punkt, ein Gefühl und dann zufrieden sein, für immer und ewig. Das wär's. Pustekuchen, alles bleibt wie es ist, der Anspruch wächst mit dem Lernprozess, dem Können und über kurz oder lang tötet die Routine jegliche Freude am Dazugelernten. Verflucht. Zu gerne würde ich in die Köpfe schauen, um mir ein Bild zu machen, was abzukupfern, herauszufinden, ob da auch Zweifel aufkommen, um dann Gewissheit zu haben und um mir dann eine kleine Pause zu gönnen.
Vergiss es, klappt sowieso nicht. Idiot.

Als meine kleine kaum existierende Musikkarriere den Bach runter ging

Da war ich 33. Eigentlich empfand ich es als gar nicht so tragisch, eher irgendwie beruhigend, denn über die Jahre hatte sich eine gewisse Last aufgebaut, die sich nicht so leicht wegtrinken ließ. Diese Art von Druck oder Last entstand ganz heimlich und rührt wie ich meine daher, dass man gern irgendwelchen Erfolg hätte, zumindest mehr als man gerade hat. Auch wenn das Ziel immer, und da bin ich wirklich ehrlich, ganz niedrig abgesteckt war, von Anfang an. Das ist vermutlich so, weil ich Realist bin.
Ich fand oder ich wusste schon immer, dass ich nicht besonders gut Gitarre spielen konnte und gesangstechnisch noch mehr Variationen hätte einbringen müssen, wenn ich gekonnt hätte.
Also, wie ihr seht, waren meine Erfolgschancen schon von Beginn an nicht besonders gut. Ein inneres Gefühl zwang mich dazu, immerzu, zu zweifeln und mich mit anderen abzugleichen und da gab es eben Bessere, Jüngere, und teilweise sicher auch Gierigere, die allein schon durch ihre Art punkteten.

Ich konnte mich selbst nie gut verkaufen. Das war ein großes Manko. Was im Musikbiz, wenn man es in den Kreisen, in denen ich mich bewegte, so nennen mag und unbedingt von Nöten ist, um einigermaßen was zu reißen, dann sind das natürlich, wie überall, gute Kontakte.
Leider hatte ich die nie. Ich hatte aber zum Glück meine Leute, die hin und wieder zur Stelle waren und dafür bin ich mehr als dankbar.
Am Ende fehlte es wohl doch nur an der richtigen Stelle - am Können.

Kleine Erfolge hielten mich über Wasser, eine Schreibblockade nach der anderen dämpfte die Euphorie und nährte die Last. Und so vergingen die Jahre.

Es müssen trotzdem gute Jahre gewesen sein, denn die gehen immer am schnellsten vorbei. Aber so ist das eben, man bemerkt erst nichts und dann ist es auch schon wieder vorbei. Und dann ärgert man sich keine Notizen gemacht zu haben. Man empfand es als albern und unnötig. Es wurden einfach zu viele Drinks reingeschüttet und zu viele Nächte durchgemacht, die ihre Spuren hinterlassen haben, nun ja, ich rede hier von Spuren im Sand.

Es scheint also so, als ob einfach gelebt wurde.

Falls das mit dem Schreiben nix wird, kann ich es ja nochmal mit der Musik versuchen, da bekommt man auf den Shows immerhin seine Drinks umsonst.

Wenn die Ablenkung zur Gefahr wird

Um runterzukommen von Job und Familie oder seinen eigenen Gedanken, beschäftigen wir uns mit so allerhand, wie Rauchen, Fernsehen, Ausgehen und Trinken. Andere machen Yoga, gehen Angeln oder interessieren sich für Modelleisenbahnen.
Wenn der Gegenwind heftiger wird und wir keinen anderen Ausweg mehr erkennen, kriechen wir tiefer in unsere Schneckenhäuschen und verbarrikadieren uns.
Da kommen wir dann unter anderem auf so bescheuerte Ideen wie z.B. noch mehr zu rauchen, alleine daheim zu saufen, Songs zu schreiben und davon zu träumen, aufzutreten, Bukowski-Bücher zu verschlingen oder selbst zu schreiben.
Andere rennen zu Esoterik-Veranstaltungen, machen einen Tauchkurs oder lassen sich blenden und sprengen sich oder andere in die Luft.
Dann doch lieber das, was ich so mache.

Hinterher

Am Bahnhof ist die Rolltreppe wieder mal defekt und die Passanten laufen wie Lemminge in die Absperrung. Einer der ersten stellt die Frage an den Rolltreppennotdienst: „Ich muss auf meinen Zug, wie komme ich jetzt da hoch?" Ich stehe unbemerkt daneben und lausche diesem Treiben, mit Blick auf den Aufzug und die Treppe die nicht weiter weg ist als zehn Schritte. Kaum ist die Gruppe auf der Treppe verschwunden, kommen schon die nächsten und das Spiel fängt wieder von vorne an, bis einer über die Absperrung springt und die Rolltreppe hinaufhechtet, die allerdings gerade nach unten fährt. „Nochmal Glück gehabt", sagen sich die Rolltreppenspezialisten, denn die fehlende Rolltreppenstufe wurde gerade eingebaut. Glück hält unsere Zivilisation zusammen. Oder der Zufall? Hochintelligent und zwei linke Hände, strohdumm aber geschickt, so oder so dienen wir nur einem Zweck, der Fortpflanzung. Und das treibt uns an. Blind wie ein Maulwurf und gehetzt von Terminen ziehen die Leute, mit ausgeschaltetem Kopf, durch den Bahnhof. Nur ein hübsches Gesicht kann den Trott durchbrechen und die komplizierte Aufgabe auf den einen

Nenner bringen. Wir haben keine Zeit um uns den Kopf zu zerbrechen. Hinterher.

Blinde Kuh im Glashaus

Man kann sich nicht dagegen wehren, wenn
Einbildung und Ängste wie von Geisterhand zum
Leben erweckt werden. Ich selbst bin mein bestes
Beispiel.
Jeden verfluchten Tag kehre ich Problemen den
Rücken und verschiebe somit die Möglichkeit einer
Lösung ins denkbar Unmögliche.
Es klingt aber tragischer als es ist. Denn solange
man einen Anker besitzt, eine Reset-Taste, ein
Notausgangsschild im Blickwinkel, dann besteht
noch Hoffnung. Oder bilde ich mir das alles nur
ein, wenn ich alleine am Tresen sitze?
Einbildung hin oder her, wir sitzen alle im
gleichen Boot und da müssen wir einfach durch.
Eine andere Tresentheorie ist allerdings die: wenn
man ein Problem nicht lösen möchte, keine
Klarheit schaffen will, dann ist das Ärgernis auch
nicht ganz so schlimm und somit vielleicht nur
Einbildung?

Und manche Dinge erledigen sich von selbst, da
muss man sich nicht verrückt machen.
Wenn es doch immer so einfach wäre.
Eins ist zumindest sicher:

Eine Nacht, ein Tag, ein Wort, ein kleines Lächeln
kann manchmal alles verändern, kann die
erwünschte Abhilfe, Erleuchtung, oder Gewissheit
auf Zeit bedeuten.
Aber was man auch tut und völlig egal wie man es
dreht und wendet, nichts ist sicher und bleibt für
immer. Finde dich damit ab
oder gehe daran zugrunde.

An diesem Tag bleibt die Arbeit liegen

Die Betriebsversammlung - ist trotzdem bei kaum einem beliebt. Für alle, Angestellte und Geschäftsleitung, ist es einfach eine Pflichtveranstaltung. Man hofft auf wenig Bla Bla und dass bloß niemand beim letzten Punkt der Tagesordnung – bei Anfragen, Anträge und Sonstigem – also kurz vor Schluss, noch seinen Senf dazu gibt. Damit bloß keine heiße Diskussion entsteht, was alles unnötig in die Länge ziehen würde. Man möchte einfach so schnell wie möglich wieder da weg.
Normalerweise denke ich genauso.
An diesem Tag allerdings nicht. Da stand ich auf und ging zum Mikrofon, das mitten im Raum extra dafür aufgestellt wurde.
In meiner Magengrube hatte sich über die faulen Jahre einiges angestaut und das musste raus. Also verlas ich, was auf meinem kleinen Fresszettel vermerkt war.

„Hallo. Ein kleines Statement. (Räusper)
In letzter Zeit ist mir aufgefallen, dass wir in unserer Abteilung immer mehr Arbeiten

hinzubekommen, allerdings ohne Vorgaben, ohne Hilfskräfte und erst recht ohne Plan, wie wir das bewältigen sollen.
Von uns wird scheinbar verlangt, unsere bisherigen Arbeiten zu vernachlässigen, zumindest kommt es mir so vor, da der Umstand auch leider keinen anderen Schluss zulässt. Deshalb fordere ich den Austritt aus den neuen Verträgen zurück zum eigentlichen Geschäft, oder das Einstellen neuer Kräfte. Vielen Dank"

Kurz und knapp, war schon immer meine Devise.
Die Antwort der Geschäftsleitung, oder vom höchsten Chef der Anwesend war, ließ nicht lange auf sich warten.
„Der Arbeitnehmer muss das tun, was die Geschäftsleitung verlangt und wenn es mir oder uns nicht gefällt, dann können wir uns gerne woanders einen Job suchen". Rums, das hat gesessen.
Dennoch war ich mehr als zufrieden, denn der Schlipsträger hatte noch besser reagiert als ich das je erwartet hätte. Völlig angepisst musste er seinen Senf dazugeben, denn wie kommt so ein kleiner Penner wie ich dazu, die Probleme, die die Firma hat, direkt und auf den Punkt anzusprechen, noch

dazu vor versammelter Mannschaft. Das darf ja mal gar nicht sein.
Danke für dieses Eingeständnis.
Sie sind als Chef eine Null.

Die gute Seite des Wartens

Ich halte das vorerst letzte Bukowski-Buch in meinen Händen. Dann habe ich alle durch, auch alle Raritäten und Sekundärliteratur, die ich mir bei ebay besorgt hatte. Ich konnte das nächste Buch kaum abwarten, versuchte aber trotzdem, den heutigen Tag solange es mir möglich war zu verhindern und dank der Menge, die Buk rausgehauen hat, hat das auch ganz gut funktioniert. Aber jetzt soll es leider doch bald ein Ende haben?
Es ist ein wenig wie damals als ich eine Spülmaschine bekommen hatte. Ich konnte mich einfach nicht darüber freuen. Das Handspülen hat mir natürlich keine Freude bereitet, aber das Glücksgefühl es endlich geschafft zu haben, war unbeschreiblich. Mir fiel auch andauernd noch etwas ein, das noch zu erledigen war, sogar aufräumen wurde urplötzlich wichtig, um bloß nicht zu spülen. Außer Saugen vielleicht, das war noch mehr verhasst.
Nach Wochen des Geschirrstapelns wurde irgendwann mal Hand angelegt. Mit einer riesen Wut im Bauch wurden Tupperware, Teller, Tassen und Gläser gleich im Müll versenkt.

Es ist nun schon ein wenig Zeit vergangen und das letzte Buk-Buch ist durch, aber ein wirklich befriedigendes Gefühl blieb leider aus.

Hollywood

Da sitze ich also, während der Arbeitszeit und
überlege, grüble über diverses Zeug und warum
sich keine Sau traut, einfach zu sagen, wie es
wirklich ist.
Jeder fährt sein Schild, seine Maskerade hoch und
hofft, dass niemand dahinter schauen kann.
In der Arbeitswelt ist das fast noch schlimmer als
im normalen Leben.
Die Leute denken, sie müssten eine Show abziehen,
so tun als ob, zeigen, dass sie wichtig sind und
gebraucht werden.
Das verstehe ich ja schon, mache es ja genauso.
Nur warum wird das immer unter einem
Deckmantel gehalten?
In Wahrheit weiß doch jeder wie es läuft, oder?
Warum lügen wir uns was vor?
Teilweise bekomme ich Bauchschmerzen von der
Schauspielerei.
Ich sollte wohl besser nicht zum Film gehen.

Einen Plan gibt es nicht

Stunden, Tage und Jahre verschlafen
Kraft und Können verschwendet
Lunge und Leber vergiftet
Herz und Seele betäubt
Planet und Rohstoffe vernichtet

Absicht oder nicht.

    Vergeuden bedeutet anscheinend Leben
    oder zumindest so etwas

        in der Art.

Träume

Hoffentlich habe ich bald eine zündende Idee,
die alles verändert,
die reich macht,
unwiderstehlich oder unsterblich.
Solche Sachen habe ich
zum Glück noch nie gedacht.
Hoffnung ist was Schönes,
ungefähr so wie Luxus.
Man kann es sich nur in bestimmten
Situationen leisten oder anwenden.
Solange einem bewusst ist,
dass alles kommt und geht
oder niemals eintrifft.

Die dunkle Seite

Können sich Menschen
nun ändern oder nicht?

Kein Schimmer,
ich denke eher selten,
und wenn,
dann doch eher ins Negative.

Was je nachdem
auch verständlich ist.

Wenn man sie darauf anspricht
sagen sie,
sie haben sich
weiterentwickelt.

Ich würde wohl dasselbe sagen.

Das Warten

Man kann nichts erzwingen,
Zuneigung,
Pünktlichkeit,
Frieden
oder einen Sechser im Lotto.
Es muss einfach von alleine kommen.
Wer nicht warten kann, hat allerdings ein Problem.
Beim Warten muss man seinen Kopf ausschalten,
eine Linie ziehen oder sogar einen Schlussstrich.
Bis hierher und nicht weiter warte ich,
danach geht es mir am Arsch vorbei.
Und dann geht man einfach weiter,
sonst hat man schon verloren.

So die Theorie.

Wen interessiert's

Wieder mal während der Arbeit und immer noch
keinen Deut schlauer als vorher, eher irritierter.
Ich glaube, ich mache noch eine Weile lang nix,
oder soll ich so tun als ob?
Wem lüge ich dann was vor?
Meine Taschen sind schon mehr als randvoll.
Wen interessiert es, wenn ich rein gar nichts mache
und es auch keinem auffällt?
Wen interessiert es, wenn ich mir solche Gedanken
mache?

Unsere Fassaden, Gebäude und Mauern, verstecken
und verdecken unsere Taten und halten dem
Druck stand. Warum ich nicht?

Gut, dass ich keine Jahrhunderte überdauern muss.

Nur ein Prozess

Es kann aufregend sein, spannend, langweilig und purer Horror. Was ist das Leben für dich? Eine Entwicklung durch eine Reihe von Zufällen? Ein großangelegter Versuch einen automatischen Prozess zu beeinflussen, zu bändigen, ohne zu wissen welche Folgen daraus resultieren? Klingt nach einer guten Idee oder nach einer beschissenen. Über uns selbst zu bestimmen ist unsere Natur. Zu richten nicht. Wenn unser Leben nicht so verdammt kurz wäre, würden wir uns dann andere Gedanken über uns und unseren grauen Planeten machen? Würden wir die Wale etwa retten wollen, wenn wir tausend Jahre werden würden?
Geldverdienen, um die Miete zu bezahlen und eventuell den Zahnersatz und ab und zu die Füße hoch legen, darum geht es eigentlich.
Ein Leben scheint immer zu kurz, um sich um die Folgen des Handelns zu sorgen.
Ganz wenige wissen was sie tun.
Scheint fast so,
als ob die meinen ewig zu leben.

Auf der Flucht baut man Scheiße

Ich schreibe, um die Zeit zu vergessen, zu
überbrücken, aber ich trickse mich einfach nur
selber aus. Immer wieder.
Man kommt gegen die verdammte Zeit halt
einfach nicht an.
Am laufenden Band sendet mein Unterbewusstsein
Signale, die mir verständlich machen sollen, dass
es irgendwie immer weiter gehen muss. Und das
nervt.
„Mach dich locker, genieß den Moment, trink noch
einen Gin Tonic und danach gleich noch einen,"
höre ich die Stimme in mir sagen. Und meistens
folge ich ihr.
Ich habe keine andere Wahl, denn wie schon
erwähnt, es geht nur nach vorne, immer weiter,
ununterbrochen.

Man möchte, nein man muss, immer das
Bestmögliche herausholen, auch wenn man
langsam bergab rollt.

Während meiner stetigen Vorwärtsbewegung also,
versuche ich, alles im Blickfeld zu behalten,
versuche ich meine Kämpfe auszutragen, ein

wenig Spaß zu haben und auch sonst einen guten Eindruck zu hinterlassen - und - last but not least - dabei nicht im Dauerrausch zu versinken.
Es ist ein wenig wie Krieg. Die verschiedensten Kräfte kommen zusammen und müssen unter Kontrolle gebracht werden. Jeder General wird mir das bestätigen. (Oder hoffen wir das einfach mal.) Es gibt allerdings schon einen kleinen Unterschied zu einem echten Krieg, denn der wird meistens akribisch und von langer Hand geplant.
Die Medien allerdings, senden wie mein Unterbewusstsein, einen Haufen Bullshit.
Und die Kriegsplaner feiern währenddessen in ihren Glaspalästen, ziehen sich genüsslich eine Line nach der anderen rein und hoffen auf einen Anstieg ihrer Aktienoptionen. Völlig high überlegen sie sich nette Stories wie „Wir bringen Freiheit und Demokratie - durch Krieg" nur um hinter der Fassade im Verborgenen noch eine Pipeline zu verlegen. Für den Fall, dass es wider Erwarten in die Hose geht, ziehen sie sich einfach noch mehr Lines rein und versuchen es irgendwo anders. Die machen das wie die Banker der Finanzkrise: „Ich bin der Größte, der Schlauste, ich kann die Verluste wieder reinholen, nur noch eine Line." Ja, Ja, ist klar ihr Wichser.

War nicht so schwer euch auf die Schliche zu kommen.

Die meiste Scheiße baut man betäubt oder aufgeputscht auf der Flucht vor der verfluchten Zeit, dabei möchte man sich einfach nur besser fühlen und die Zeit vergessen oder einfach genießen.

Hiermit fordere ich Dopingkontrollen nicht nur bei Profi-Sportlern, sondern auch bei wichtigen Ämtern, Managern und Bankern.

Oasen im Chaos

Gerade bin ich in Kuba aufgeschlagen,
Havanna,
vor einem Jahr
hatte ich Kanada besucht.
Die Gegensätze sind belastend.

Keine Regierungsform
schafft wirkliche Ordnung.
Die Armut trifft man überall.

Irgendwie ernüchternd und erschütternd,
dass niemand den Masterplan besitzt.

Dennoch, gibt es Oasen im Chaos,

zwischen Ruinen und Rum.

Vielleicht genau deshalb.

Digitales Desaster

Völlig am Sack, noch von gestern Abend, sitze ich im Dunkeln und tippe mit den Fingern einen marschähnlichen Rhythmus. Was soll ich nur tun? Ich scrolle die News Feeds von Facebook rauf und runter, versuche zu verstehen, warum die meisten nur Bullshit zu sagen haben und ich nix Beschisseneres als die Scheiße durchzulesen, aber immer noch besser als den Schwachsinn auch noch zu kommentieren (habe ich die Kurve noch gekriegt?). Aber das Beste und somit das Armseligste ist, wenn Musiker oder was auch immer, ihre „Likes" oder sollte ich lieber „Lies" sagen, hochtreiben wollen. Auf was für Ideen die kommen, unglaublich. Einer schrieb mal: „Wenn ich die 1000er Like - Marke erreicht habe, poste ich euch einen neuen Song. Bitte sagt es euren Freunden, Familien, Omas und Opas, damit die mich alle liken." Bitte? Das war doch ein Scherz, oder? Gleich disliken, hier du Trottel.
Natürlich poliert jeder gerne sein Ego und Ansehen durch lies, äh, likes auf, ich natürlich auch, aber überlegt erst mal wie das rüberkommt - Betteln geht einfach gar nicht. Nun ja, Schwamm drüber, jeder soll das tun wozu er Lust hat, das

Leben ist einfach zu kurz oder zu lang (würde man sonst auf solche Ideen kommen?). Go with the fucking flow und bereue nichts, das klingt nach einem tollen Wunschtraum. Wenn es so einfach wäre. Also los, gebt mir den Rest, ich find's ja auch irgendwo witzig und unterhaltsam, überschüttet mich also weiter mit Belanglosem und „Ich habe was, was du nicht hast" - Gedöns und eurem ganzen Profilierungskack. Ich weiß, ihr seid nix besseres, ihr seid was wir alle sind - arme Würstchen. Ich hab euch und mich selbst durchschaut.

Und wenn ihr Essen postet, vorzugsweise mit drapierten Sinnesorganen aus eurem Fraß, und es zu Hauf kommentiert wird, dann nur, weil Langeweile und keine wirklichen Freunde einfach super harmonieren.

Mal schauen was es gerade neues auf you-porn gibt.

Aus dem Nähkästchen

Ich habe von vielem keine Ahnung. Als ich in der 9. von der Schule ging, wollte ich einfach nur arbeiten, ein wenig Geld verdienen und vor allem nicht mehr dumm rumsitzen. Schule und lernen ging mir echt auf den Sack.
Einen Realschulabschluss hatte ich später, gerade noch so über einen Schlupfwinkel, bekommen. Ich glaube, Ausbildung und Hauptschulschnitt sollten nicht schlechter sein als 3,2 ich hatte 3,1. Den Abschluss hatte ich damals benötigt um das Fach-Abi zu machen, allerdings mangels guter Noten und Pech wurde ich nach einem Halbjahr entlassen.
Um Literatur und Bücher hatte ich mich zu dieser Zeit im Großen und Ganzen nicht gekümmert, mein Herz galt ganz der Musik, wobei ich mehr Spaß daran hatte, cool rüberzukommen, als meine Fähigkeiten auszubauen. Das fiel aber nicht weiter auf, denn so gut wie jeder tat in diesem Bereich dasselbe.
Es machte einfach Spaß mir die Nächte mit kostenlosen Getränken zu versüßen, nicht vor der Bühne zu stehen und ein paar Schulterklopfer und „Hey, super Auftritt" abzustauben, auch wenn ein

inneres Gefühl immer daran gezweifelt hat, denn
wirklich zufrieden war ich so gut wie nie mit mir.
Ich fühlte mich bärenstark (das lag wohl am
Alkohol) und winzig klein zugleich. Auf der
Bühne, wie danach. Ein tolles Gefühl ist es
dennoch. Es hält auch einige Zeit an. Erst nach
einer Weile treten Nebenwirkungen auf. Es macht
u.a. ganz stark abhängig und lässt die Zeit noch
schneller verstreichen, zumindest kam es mir
immer so vor.
Dann versucht man mit allem klar zu kommen,
den Zweifeln,
    der Abhängigkeit,
        der Zeit
            und
                scheitert doch.

Alles steht Kopf

Je mehr stupide Arbeiten ich ausführe, desto mehr
schaltet mein Gehirn ab.
Teilweise finde ich das ganz gut, z.B. daheim beim
Kaffee mahlen, dagegen aber ganz und gar nicht
im Job.
Das laugt einen aus und zeigt einem, in dem man
den Kram ausführt, wie dumm man selbst ist.
Hofft man insgeheim auf Besserung oder
Linderung oder auf ein baldiges Ende?
Ich hoffe immer, dass es schnell vorbei geht, damit
ich mich wieder wichtigen Dingen zuwenden kann.
Wie Füße hochlegen,
Löcher in Wände starren,
Trinken
und natürlich Musik
und Schreiben.

Ist schon Frühjahr?

Wie das Leben mit einem so umspringt und wie bescheuert man sich fühlt und manchmal dasteht, beim Einkaufen, beim Bäcker, beim Arbeiten am Fließband oder beim Geschlechtsverkehr, nur weil man einfach gerade gerne wo anders wär, man aber nicht anders kann.
Wieso macht man sich einen Kopf über etwas, dass dazu führt sich selbst zu quälen, sein Leben zu verkomplizieren, man anfängt sich zu fragen ob man jetzt endgültig verrückt geworden sei und ob das Schicksal einen eventuell in seinen Händen hält?
Kontrolliert eine fremde Macht unser Tun?
Das würde vieles vereinfachen, vieles rechtfertigen, und wäre die Entschuldigung für einfach alles.
Ich bitte darum.

Was soll der Mist

Warum wieder ich

Endlich allein

wurde auch Zeit

Das geht mir auf den Sack

Einfach alles

Und wieder ich

Was soll der Scheiß

So langsam reicht's

Tschüss

Sinnlose Zeit verschwendet

Montagmorgen.
7 Uhr.
Arbeitsbeginn.
Erst mal einen Kaffee, dann im Büro anmelden um die Anwesenheit zu bestätigen.
„Ja, hallo, ich habe einen wichtigen Termin und bin deshalb nicht vorbeigekommen. Was? Äh ja, gut, bis dann."
Erledigt. Erst mal die Füße hochlegen.
Das Telefon klingelt.
„Ja? Ah. Okay. Ach so. Können wir den Termin dann auf nächste Woche verschieben? Ja. Ja. Macht ja nix. Ich war auch schon mal krank.
Okay. Ciao."
Läuft ja alles wieder wie am Schnürchen.
Zum Glück liegen die Füße noch oben auf dem gegenüberstehenden Stuhl.
So kann es eigentlich weitergehen.
Was kommt jetzt?
Reguläre Tätigkeiten - Wartungsarbeiten?
Nach 12 Jahren in der gleichen Abteilung geht es natürlich ruhiger zu, auf der anderen Seite allerdings regt man sich dann über Nichtigkeiten auf und dann darüber, dass man sich über

Nichtigkeiten aufregt - und das ist das, was wirklich nervt. Im Moment ist soweit aber alles okay, denn ich sitze im Warmen und Draußen zeigt das Thermometer 0,5 Grad.

Vor ein paar Jahren, da war meine Arbeit um einiges beschissener, es war zwar der gleiche Verein, aber da dieser doch recht groß ist, unterscheiden sich die Arbeitsfelder recht stark. Früher musste ich unter anderem defekte Leuchtstoffröhren bei Wind und Wetter tauschen. Das ist nicht lustig. Auch, weil man sich darauf einstellen musste, dass Sommerarbeiten meist im Winter erledigt wurden, also es wurde draußen gearbeitet und im Sommer, wenn es schön warm war, natürlich Drinnen.

Am Donnerstag ist diese Woche für mich zum Glück zu Ende. Ich hatte mich entschlossen mal wieder zwei Konzerte zu geben und das fühlte sich nach längerer Pause ganz gut an. Aber erst mal den Tag überstehen. Das zurückliegende Wochenende war wie zu erwarten keine große Erholung.

„Mach die Augen auf!" sage ich zu mir selbst, und ich sehe den Berg von Unterlagen der sich in den letzten Wochen aufgetürmt hat, bestehend aus Gekritzel und Geschmiere, für niemanden entzifferbar außer für mich. Alles arbeitet gegen

mich, die Zeit, die Kraft, meine Chefs. Ach, wen interessiert schon Durchblick und Überblick. Heutzutage muss immer alles schnell, schnell gehen.
Noch weniger Motivation macht sich breit.
Die Sinnlosigkeit des Seins trifft mich wie einen Hammer. Wie soll ich die nächsten 35 Jahre überstehen, ohne dabei an das Kack-Wort „Rente" zu denken. Ich kann es mir einfach nicht vorstellen, noch solange irgendwo zu arbeiten, auch wenn hier alles gut ist und somit kein anderer Job momentan in Frage kommt. Aber genau das ist das Problem, denn ich fühle mich im Prinzip angekommen und ankommen bedeutet Stillstand, bedeutet Hinterfragen, bedeutet erneutes Aufbrechen oder Füße hoch legen. Ich war schon immer für letzteres, wann immer es möglich war, zumindest wenn es nur um einen Job ging.
Aufraffen war nie das Problem, fremde Steine klopfen schon.
Das Wochenende steckt jetzt noch tiefer in den Knochen. Vor ungefähr 10 Jahren bin ich mit 3 Stunden Schlaf ausgekommen, ich hatte es sogar genossen total verplant ins Geschäft zu stürzen.
Aber jetzt? Alles vorbei, aus, für immer.
Ich muss hier raus. Seit einer Stunde schreibe ich, anstatt zu arbeiten. Die Sonne scheint mittlerweile.

Laut der Wetteraufzeichnung war dieser Winter
der dunkelste seit 60 Jahren.
Über zwei Monate am Stück kam nicht einmal die
Sonne raus. Ist ein gutes Gefühl dich mal wieder zu
sehen.

Es ist ..., ach scheißegal!

Allen Zweifeln zum Trotz und gegen jegliche Bemühung etwas richtig zu machen, stehe ich jeden Morgen auf und gehe zur Arbeit. Keine Ahnung warum. Vielleicht weil man muss oder es sowieso egal ist was man macht, solange man tief drinnen irgendwie weiß, dass es noch viel Schlimmeres gibt.
Was mir aber in letzter Zeit aufgefallen ist, ist, dass es scheinbar kein Gut oder Schlecht mehr gibt, es gibt nur noch Langweilig oder Ungewöhnlich. Niemand schaut auf, niemand hört zu, wenn nicht was Verrücktes oder Abgefahrenes passiert.
Und wir sind satt, unsere Motivation scheint erloschen, und der schnelle Kick ist alles was zählt. Die Smart-Mac-Mini-Pad-Dreck-Industrie gaukelt uns vor, erst richtig glücklich und zufrieden zu sein, wenn wir so ein Ding besitzen und alle Jahre wieder gibt's 'ne Auffrischung, wenn wir uns den Nachfolger besorgen, weil das Teil genauso veraltet ist wie unsere Lust.
Uns sinnvoll zu beschäftigen, besteht in unseren Augen darin, unsere Augen auf einen neuen Flimmerkasten zu richten. WTF

Manchmal habe ich das Gefühl, dass ich kein
Gefühl mehr habe.

Aber die Welt bleibt ein sich drehender
Scheißhaufen und wir planschen fröhlich drin rum
oder schauen den anderen dabei zu.
Man wird es uns nie recht machen können.
Aber solange es geht, schaue ich lieber zu.

Zigarettenstummel im Blumenkasten

Ich komme heim
Ein beißender Gestank zieht mir in die Nase
Normal
Keine Kaffeefilter
Schuss Canadian Club dazu
dann passt das auch mit dem Filter
von vorgestern

Zigarettenstummel im Blumenkasten
Spucke im Blumenkasten
Die Vorzüge des Draußenrauchens

Den intakten Röhrenfernseher zum Schrott
gebracht
Ein Stück vergangenes Leben mit abgegeben

Kopfschmerzen von der Tragödie des Seins
Allein daheim und in 2 Stunden
wieder mal voll

Finde mich am Tresen
meiner Lieblingsbar

Ein kleiner Funke und ein Berg Asche

Wie viel Scheiße in ein Leben passt, frage ich mich oft, wenn ich zurückschweife um einen Moment herauszufiltern. Dabei kommt mir so viel Verschwommenes aus viel zu schnell vorbeigezogenen Ereignissen und Eindrücken entgegen, die, so hat es zumindest den Anschein, nie verinnerlicht wurden. (*eigentlich wollte ich zuerst verarbeitet anstatt verinnerlicht schreiben, allerdings konnte ich mich noch nie für dieses Wort begeistern. Denn Verarbeitet wird für mich zum Beispiel ein Stück Stoff zu einer Hose - bis sie letztendlich in den Müll wandert...*)
Ja, die Nebelschwaden in meinem Kopf hängen wohl mit dem fragwürdigen Zustand zusammen der damals einherging - verschwommener Blick bedeutet verschwommene Erinnerung und am nächsten Tag oft höllische Kopfschmerzen.
Daran kann ich mich noch einigermaßen entsinnen. Wie an einige Momente, die vor Jahren schön sorgfältig ausgedruckt, nun aber schief und blass an meiner Wand hängen und verstauben.
Und so kommen mir die Bilder in der Zwischenzeit auch vor. Wie ein altes Filmplakat, von einem

Film, den man sah, man aber währenddessen kaum die Augen offen halten konnte.
Und da steht meine Couch, die nach zwei Jahren schon wieder durch ist. Daraus könnte man schließen, ich hinge zu viel rum. Was ich eigentlich nicht tue. Dennoch wünschte ich, es wäre weniger gewesen, dann hätte ich noch mehr ... halt, stop! - Noch mehr was? Noch mehr Musik machen können, die nur mir gefällt, zumindest zwei Wochen lang? Noch mehr Dinge designen, die zwar nicht schlecht sind - zumindest besser als so manch andere - aber aus diversen Gründen noch auf meiner Festplatte schlummern? Noch öfter besoffen um die Häuser ziehen und natürlich noch mehr Texte schreiben, die keine Sau interessieren? Es ist einfach wie es ist, jeder braucht mal eine Pause, um seinen kreativen Akku wieder aufzuladen, um weiter dranzubleiben ohne auszubrennen. Dennoch brenne ich regelmäßig (aus!), auch im positiven Sinne. Ich brenne vor Lust, vor Überheblichkeit, vor Unbeugsamkeit um der Sache willen, die im Moment wichtig erscheint. Um sie durchzuboxen, sie nicht aus den Augen zu verlieren, einfach einen Halt zu haben, bis ... bis die Zeit, die Zweifel und die Nächte alles verändern. Mit einem kurzen Zögern, aber dann doch stocknüchtern, wird der „Scheiß", in die Kiste

zu dem anderen Scheiß getreten. Man zieht einfach den Stecker um es abzuhaken, abzulegen, sein zu lassen, um weiter zu gehen und nicht total verrückt zu werden, weil die Sache, die Idee, die in einem lodert, einen komplett zerstören könnte, und warum? Weil es zum Scheitern verurteilt ist. Einer von 100.000 kann seine Idee umsetzen, veredeln und in Ruhe sterben. Unsereins werkelt, probiert, schärft sein Können und gibt am Ende auf, weil es keinen Sinn mehr macht. Einfach nur, um sich selbst zu retten oder zumindest bis sich etwas Neues gefunden hat. Nur damit alles wieder von vorne beginnen kann.

Zum Glück - sonst würde ich wahrscheinlich richtig durchdrehen.

Bodenhaftung

Im Café,
beim Beobachten vorbeigehender Passanten
bemerkte ich es.
Langsam, aber stetig verliere ich den Bezug
zu Zeit, zum Gefühl von Leben und Sein.

Eine fast leere Hülle,
mit einer unbeantworteten Frage,
die, die letzte Verbindung zur Außenwelt darstellt,
sitzt einfach da, schaut und fragt:

"Wie lange noch?

… bis endlich
mein Kaffee kommt".

Zugfahren

Es gibt kaum etwas Entspannteres,
wenn man einen Sitzplatz hat.
Gediegen den Sessel nach hinten stellen,
Leute beobachten,
sich einen Film reinziehen,
lautlos furzen,
und gediegen in Gedanken versinken.
Ganz ohne Todesangst,
die schon ab und zu mal auf der Autobahn
mitfährt,
aber auf alle Fälle ohne verschwitzte Achseln
austeigen.
Sich am besten abholen lassen,
oder ein Taxi nehmen,
direkt zum Laden.
Da dann die ganze Nacht bechern,
kurz auftreten,
dann wieder bechern.
Am nächsten Morgen einfach weiterziehen
und sich wundern was das wieder war.

Hoffentlich

Hoffentlich
ist bald Wochenende.

Hoffentlich
ist bald Feierabend.

Hoffentlich
ist bald Mittagspause.

Hoffentlich
ist bald Frühstückspause.

Ah,
endlich
Wochenende

…vorbei.

Couch, Kühlschrank, Couch

Gerade wieder fünf Stunden vor der
Notebook-Kiste verplempert
um langsam wieder fit zu werden,
um dem Kater eins auszuwischen
um das zu tun, was ich gut kann –
rumhängen.

Heute Morgen um 12 Uhr war noch Birnenmus
auf dem Toast und im Kopf.
Zwei Filme reingezogen,
die gerade im Kino anlaufen.
Solange es die Möglichkeit gibt,
warum denn nicht.

Zwischendurch Facebook, bandcamp, e-bay
gecheckt. Netter Zeitvertreib bedeutet schneller
Zeitvertreib.

Gestern hatte ich schon genau das gleiche getan,
und trotz allem,
vier Essays in zwei Tagen geschafft.

Gar nicht mal so übel.

Dienstagabende und die Weltverbesserer

Dienstagabende und die ZDF-Reportagen bereiten mir Bauchschmerzen, mal wieder. Da hilft eigentlich nur Augen zu und durch, resignieren oder sich mit Benzin übergießen, dazwischen bleibt nicht all zu viel.
Denn vom herkömmlichen Protest halte ich eigentlich nichts. Die einen protestieren ihrem Gewissen zuliebe, weil es gerade „trendy" ist sich zu engagieren, aber in Wahrheit das Ego aber nur eine spannende Beschäftigung oder Anerkennung braucht. Wieder andere müssen sich anders fühlen, weil man gerne anders wäre, irgendwie besonders eben. Dann gibt es die, die einer Frau imponieren wollen, oder ihrer Freundin wegen mitmachen. Der glorreiche Rest dann, die drei, vier Idealisten, die für die undankbare Mehrheit alles aufgeben, sind wie sie sind - leicht bescheuert.
Falsche Beweggründe und Gier haben schon immer alles kaputt gemacht. Und die gibt es auch auf der „guten Seite". Warum sonst sind gute Ansätze auf einmal nicht mehr so super?
Protest entspringt aus einer Grundidee, einer Anspannung, einem Plan etwas zu verändern, aber

Pläne ändern sich. Kann ich mich aus diesem Grund der Sache entziehen?
Zumindest sollte man aufhören sich zu wundern und zu fragen wofür Revolution gespielt wird, da es eben so viel besser auch nicht wird.
Und wenn dann Ruhe eingekehrt ist, wird sowieso schon wegen was Neuem gemeckert und das nächste große Ding geplant. Aber so ist das, am Ende fällt es meist anders aus. Und dazu kommt: Wir wissen das alles, stellen uns aber trotzdem wieder so dumm an und glauben erneut das alles ganz leicht von der Hand geht. Dann, ganz überraschend natürlich, während der Umsetzung, wird einem klar, dass man Abstrichen und Veränderungen unterworfen ist oder wird, weil zu viele Köche eben den Brei verwässern. Trotz alledem jagen wir jeder scheinbar positiven Veränderung hinterher, weil jeder gern unter den Ersten sein will, jeder sowieso nach mehr strebt und am liebsten recht haben möchte, dass es so viel besser ist als es vorher jemals war. Ich weiß, ich suche nur einen Vorwand, eine Ausrede meinen Arsch nicht in Bewegung zu setzen.

Beschäftigungstherapie für jedermann
(eine Art Empire Magazin Rezension für den Blog
WhyWeLikeYou) 15. Juli 2013

Entsprungen aus einem Hirngespinst, irgendwas zu machen, irgendwas zu erschaffen um endlich irgendwas was auf die Beine zu stellen, das dazu noch halbwegs einen Sinn ergibt und ohne sich ständig im Spiegel zu betrachten und sich dabei leise selbst zu loben, was hin und wieder vorkommen könnte, hier allerdings nicht, weil das Empire dem Künstler eindeutig mehr Prestige einbringt als dem Erschaffer. Es ist kostenlos, als Print und Download erhältlich, und lässt sich wo immer es ausliegt, locker in der Mittagspause oder abends an der Bar, während man auf seine Verabredung oder auf das nächste Bier wartet, durchblättern. Jeder kann sich mit dem versprühten Spirit, mehr oder weniger, identifizieren und wenn nicht, dann macht das auch nichts. Es reicht dem Herausgeber und seinen Helfern den eigenen Arsch aus der Couch zu hieven, die eigene Verplantheit zu überwinden und zum Beispiel Kolumnisten und Schreibern wie mir eine eigene Plattform zu bieten, denn das Ziel ist simpel und ab hier der Facebook-Info entnommen:

„Arbeiten von noch unbekannten Bands, Autoren, Photographen, Graphikern und anderweitig kreativen Köpfen einem breiten, interessierten Publikum zugänglich zu machen."
Weiterhin hoffe ich für das Magazin schreiben zu dürfen und wie alle bin ich sehr auf die kommende Nummer 27 gespannt. Prost.

Ankommen um zu gehen

Wie oft ich schon heimgekommen bin
mitten in der Nacht,
unter der Woche und am Wochenende
sternhagelvoll
Es musste einfach sein
Der Hinweg ist leicht
Der Rückweg noch leichter
Aber die letzten paar Treppenstufen sind die
Schlimmsten
Und sich morgens aus dem Bett schälen
dann abends wieder in der Bar,
im Raucherbereich,
erst mal tief durchatmen,
um den Job, Job sein zu lassen,
ankommen um zu gehen
immer und immer wieder
bis meine Wohnung irgendwann
von einem Fremden bewohnt wird,
der niemals ausgeht,
der die Strapazen nicht so auf sich nimmt wie ich,
selbstauferlegt, egoistisch, selbstzerstörerisch
immer in Bewegung bleiben
hat mal jemand gesagt
kann mich nicht mehr daran erinnern wer

oder wie oft ich schon so heimgekommen bin
kaputt,
zufrieden,
allein

Ich glaube an nichts

Ich glaube, wir glauben schon lange nicht mehr an das, was wir sehen und anfassen können. Das war früher vielleicht mal so.
Heute leuchtet uns ein Telefon in die Augen und vermittelt uns, dass alles möglich ist und man unsere kleine Welt (also das Telefon) einfach in seine Hosentasche stecken kann. Stimmt ja auch. Auf diesem Ritt, facebooken wir, skypen wir, machen Fotos mit 70iger Jahre Filter in „High End Quality", jagen Schnäppchen, googeln uns den Weg zum nächsten China-Imbiss um die Ecke, ersteigern Schrott um ihn wieder zu versteigern und schauen kranke Pornos bis zum um fallen. Wir vergessen alles andere um uns herum – ob es regnet oder die Sonne scheint, es ist uns völlig egal.
Und sinnlose What's App-Nachrichten wecken einen mitten in der Nacht auf, das habe ich zumindest mal gehört, denn noch besitze ich keins von den Scheißdingern.

Allerdings kenne ich es nur zu gut, einige Stunden vor dem Rechner zu sitzen (wie jetzt gerade) und danach das Gefühl zu haben, nichts, aber auch rein

gar nichts gemacht zu haben. Die Zeit ist einfach verstrichen, unbemerkt und auf einmal ist es Dunkel und man sitzt wieder an einem Tresen und kippt Drinks in sich hinein. Man hat das eine Stunde vorher per Chat ausgemacht. Schon merkwürdig. Selbst die Zeit, wenn der Bildschirm mal nicht schimmert kommt einem leer und nichtssagend vor, am liebsten würde man sich wieder vor das Scheißding setzten und so tun, als ob es nichts anderes gäbe.
Und man könnte es tun, ohne sich von zu Hause wegzubewegen, könnte man überleben.
Man kann sich Essen bestellen, Kleidung, Sex, einfach alles was man braucht.
Was gibt es da noch zu überlegen?

Gloria

Auf dem Weg zur nächsten Bar
zehn, zwölf Gehminuten,
ist nicht zu viel verlangt
für ein Paradies in Reichweite

Um sich aufzuwärmen
von innen
und von außen
um die Zeit zu vergessen
der Trend des Zerfalls
die Schatten die dich einnehmen

Ist heute Montag oder Dienstag?
Ach, später ist das sowieso egal

Langsam und stetig
wird alles gewöhnlich

ganz leise

ganz heimlich

So geht es nicht mehr weiter

Ich sollte ein wenig Sport treiben,
meine Saufgelage auf Eis legen,
was für die Gesundheit tun,
an der frischen Luft spazieren gehen,
weniger Rauchen,
mehr Vitamine und so 'nen Kram einwerfen,
mein Gehirn trainieren,
mit Sudoku,
oder mehr lesen,
das sollte eigentlich jeder tun,
tun wir aber nicht,
aus gutem Grund,
weil es einfach keinen Spaß macht,
weil wir keine Zeit haben
um keinen Spaß zu haben.
Noch nicht.

Mit dem Alter kommen die Wehwehchen,
die dich erinnern,
die einen bestrafen
für die Versäumnisse.

Wir können es drehen wie wir wollen,
in jeder Hinsicht und Beziehung

sollten wir immer das tun, was wir später
weniger bereuen.
Trotzdem,
wer nichts bereut,
hat nie gelebt.

Sieben bis vier

Es ist gerade nichts zu tun, alle Arbeiten sind erledigt und die Langeweile macht sich breit. Für mich ist das die befreiende Abwechslung und kommt immer wie gerufen. Mal ehrlich, wer findet das denn nicht gut? Allerdings kommt man in diesen Momenten immer auf die dümmsten Ideen, was wiederum auch ganz amüsant sein kann. Einmal - ist zwar schon eine Weile her - da lag ich auf einem Tisch um ein Nickerchen zu machen und ich habe auch so gute 45 Minuten gepennt, doch als ich aufstehen wollte waren beide Arme und beide Beine eingeschlafen. Unbeschreibliches Gefühl.
Oder als ich mit dem Geschäftswagen stundenlang auf einem verlassenen Parkplatz stand, um Musik zu hören und zu lesen, aber nicht bemerkte, dass, das Licht noch an war. So kurz vor Feierabend ist es schier unmöglich noch einen Kollegen zu erreichen um Starthilfe zu bekommen. Es hat sich allerdings doch noch jemand erbarmt, allerdings ohne entsprechende Starterkabel. Wir hatten einfach nur zwei dicke Kabel, die wir mit bloßen Händen auf die Batteriepole drückten, um zu überbrücken. Verrückt. Bitte nicht nachmachen.

Oder ein anderes Mal, da sind wir in ein Waffengeschäft, um uns ein Soft-Air-Gewehr zu kaufen. Eine originalgetreue, vier Kilo schwere Nachbildung eines M14. Damals in Vietnam war das der Renner. Wir schossen den ganzen Mittag und die darauffolgende Woche auf Playmobilmännchen. Ich finde Waffen zum kotzen, aber schießen tue ich schon gut.

Immer gut kommt auch, sich quasi seinen Umzug vom Geschäft schenken zu lassen, weil zusammen mit dem Azubi und dem Geschäfts-wagen das Gröbste von Wohnung zu Wohnung geschafft werden kann. Aber das kommt zum Glück ja nicht so oft vor. Zumindest bei mir.

Aber ziemlich derb und auch sehr dumm war einmal das Verputzen einer Fassade, während der Azubi zusah und im Auto meine Plattencover gefaltet hat. Wenn ich da vom Gerüst gefallen wäre, oder der Azubi sich beschwert hätte. Dann Gute Nacht.

Aber was soll ich sagen?

Danke Arbeitgeber, ihr seid so gut zu mir.

(Und da war noch so viel mehr.)

Wenn die Arbeit erledigt ist und man anfängt zu leben (nicht nach Feierabend, sondern während der Arbeitszeit!) und man dann so Dinge machen kann wie einkaufen gehen, schlafen, lesen, Kaffee trinken, auch mal heimgehen oder einen Freund oder eine Freundin besuchen, dann denken viele man sei faul, aber das stimmt so nicht. Wer die Arbeit schneller erledigt als vorgegeben, ist wohl eher das Gegenteil von faul. Vorausgesetzt die Arbeit ist gemacht und okay. Man könnte vielleicht davon ausgehen, dass der Chef und die Geschäftsleitung faul sind, da diese nicht im Stande sind, die Arbeit richtig einzuteilen.

Leider ist das Leid der guten Angestellten, dass diese immer mehr Arbeit aufgebrummt bekommen. Also Maul halten und genießen.

Ich zähle mich jetzt allerdings nicht zu denen, deren Arbeit immer gut ist, bei mir sieht es nur danach aus.
Immerhin bekomme ich das so gut hin,
dass noch keiner etwas bemerkt hat.

Kalter Rauch

Allein hinter meinem verdreckten Fenster,
mit vier kalten Bier, die gerade gut reinlaufen,
wundere ich mich, was denn wieder war.
Die letzte Zigarette hat sich gerade,
wie so manch andere gute Sache auch,
verabschiedet,
selbst aufgefressen.
Und es bleibt nichts als dummer kalter Rauch,
zurück wie ich
und füllt den leeren Raum.
Zwei müde Augen suchen Schlaf,
Frieden auf Zeit,
bevor es wieder losgeht.
So warte ich den ganzen verfluchten Tag,
um abends meine Zeit
hier im Dunkeln zu verbringen
bis ich durchdrehe
eben vielleicht wegen dieses Wissens.

Klassentreffen

Gleich vorweg: Ich komme vom Land und ich war heilfroh als die Situation sich für mich in den frühen 90ern durch eine Straßenbahnanbindung verbessert hatte. Fünfundzwanzig Haltestellen bis zum Stadtzentrum ist zwar mehr als meilenweit entfernt von einer guten Anbindung, aber das war damals egal. Es wurden Möglichkeiten geschaffen, um auszubrechen. Und das war wichtig. Denn eins war immer klar, man zieht entweder weg oder heiratet, baut oder kauft ein Häuschen, um anschließend die Brut zu zeugen. Viel mehr gibt es nicht. Und wenn das nicht funktioniert hätte, dann wäre die Scheidung eine Option, nur um wieder zu heiraten oder bis ans Lebensende in der letzten Ecke einer Kneipe Selbstgespräche zuführen. Anders gesagt: Beschäftigung ist wichtig, man hält es sonst nicht lange aus, auch, wenn das bedeutet, sich mit Anwälten ums Sorgerecht zu schlagen. Langeweile macht einfach keinen Spaß und das bringt einen auf andere Ideen, Ideen, die wir alle verstehen: "Ich möchte doch lieber noch was erleben, in die Stadt ziehen, meine Ausbildung beenden, das Alt bekannte nochmal neu aufwärmen oder das Glück mit Günther aus dem Nachbardorf versuchen".

In der Stadt hingegen geht es ein wenig anders zu. Es gibt mehr Menschen, die gut aussehen, die man kennenlernen kann, aber nicht muss.
Die großartige Möglichkeit sich in der Anonymität der Großstadt zu verstecken ist auch gegeben. Perfekt. Außerdem geht es den meisten ungefähr genauso wie einem selbst - alles am Arsch vorbei. Und genau deshalb kann man so sein wie man gerne wäre. Im Dorf hingegen, macht immer alles die Runde. So etwas gibt es in der Stadt nicht, und wenn, dann will man das es die Runde macht. Auffallen um jeden Preis, gefallen um jeden Preis. Und dann, falls die Stadt nicht mehr genug ist, gibt es die Option, in eine noch größere Stadt zu gehen, oder in Thailand Yogalehrer zu werden. Später dann, mit 46, wenn man die Schnauze voll hat, oder der Arzt es einem empfiehlt, zieht man ja doch aufs Land. Schluss mit WGs, Schluss mit WG-Parties, Schluss mit lustig – jetzt wird jede Woche der Rasen gemäht. Verstehe ich alles, das soll kein Kritikpunkt sein, denn die zwei bis dreieinhalb Kinder und das Raucherlungenleiden brauchen Platz und frische Luft.

So ungefähr wird es mir mal ergehen. Aber zurück zum Klassentreffen. Wir waren wie viele? Hab ich vergessen, aber außer mir ist keiner in die Stadt gezogen.

Blöd

In meinen jungen Jahren dachte ich
der Spruch,
„Ich tue was ich kann",
beruhe darauf,
immer das Beste zu geben,
dann stellte sich heraus,
dass meistens nur das Mindeste
oder noch viel weniger
dabei rum kommt.
Blöd

Pinkelpause vor der Autobahnauffahrt Richtung Hölle
(Ursprünglich als Vorwort angedacht)

Mein Kopf dreht sich, mein Rücken und die rechte Schulter schmerzen. Hoffentlich habe ich bald alles zusammen und kann einen Haken darunter setzen.
Die Bar wird sich freuen, wenn ich wieder mehr Zeit dort verbringe und ich mich auch. Aber so weit sind wir noch nicht. Zu allererst, was soll das Ganze? Ich habe keinen Plan, keine Ahnung, keine Ambition, die Welt schöner, erträglicher oder wie auch immer zu gestalten. Ich versuche nur das Beste daraus zu machen, meiner Umwelt und meiner Selbst auf den Zahn zu fühlen und etwas aufzuzeichnen, um mit den Situationen und Gegensätzen einig zu werden.
Das Leben ist und bleibt für mich ein komplizierter Haufen, der sich immer selbst im Weg liegt.
Jeder kann jetzt nach Lust und Laune bejahend nicken oder alles gleich in die Tonne treten. Ich weiß nur, dass ich von den Macken, die wir und ich so mitbringen, angepisst bin.
Mit all den unzähligen Köpfen und Ansichten auf dieser Welt ist die Sprache, das Wort, das wichtigste

Kommunikationsmittel, und das macht die Sache nicht einfacher – immer diese Herausforderungen. Als Jugendlicher habe ich mir das aber anders vorgestellt.

So belästige ich euch mit den Gedanken und Momenten, die seither entstanden sind. Eventuell mache ich mir umsonst einen Kopf und schreibe umsonst alles auf, aber am Ende wünschen wir uns doch nur selbst eine gute Zeit und vielleicht auch unseren Kindern, obwohl wir für die ja genau das Gegenteil tun. Aber man bekommt ja oftmals das, was man gar nicht wollte.
Einen Versuch haben wir. Nachhelfen oder nichts tun, das ist hier die Frage. Deshalb gibt es hier eine Aufzeichnung unter vielen, unverfälscht, roh und ohne Schnörkel, weil die Dinge halt so sind wie sie sind – Scheiße. Für den einen mehr, für den anderen weniger. Cheers

Noch im Rahmen

Da drüben an der Wand hängt ein Bild von uns,
völlig fertig und so Scheiße jung.
Wir hatten viel zu verlieren, damals, in Italien,
auf unserem Weg durch die Nacht.
Aber wir haben es bis hierher geschafft,
wie auch immer.
Was bleibt uns anderes übrig,
als jede Nacht zu genießen,
irgendwie.
Wenn Erinnerungen noch schneller gehen,
als zuerst angenommen.

Und so lachten wir unbeschwert in die Kamera,
mit unseren durch Alkohol geschwollenen
Gesichtern.

Werbung

NITRO ON THE ROCKS

CARLOTTA ★ FRANK NIHIL
EZE ★ TIM EFFING

„Vier Schreiber spielen Blinde Kuh am Abgrund des Alltags" - *F. Nihil*

facebook.com/NitroOnTheRocks

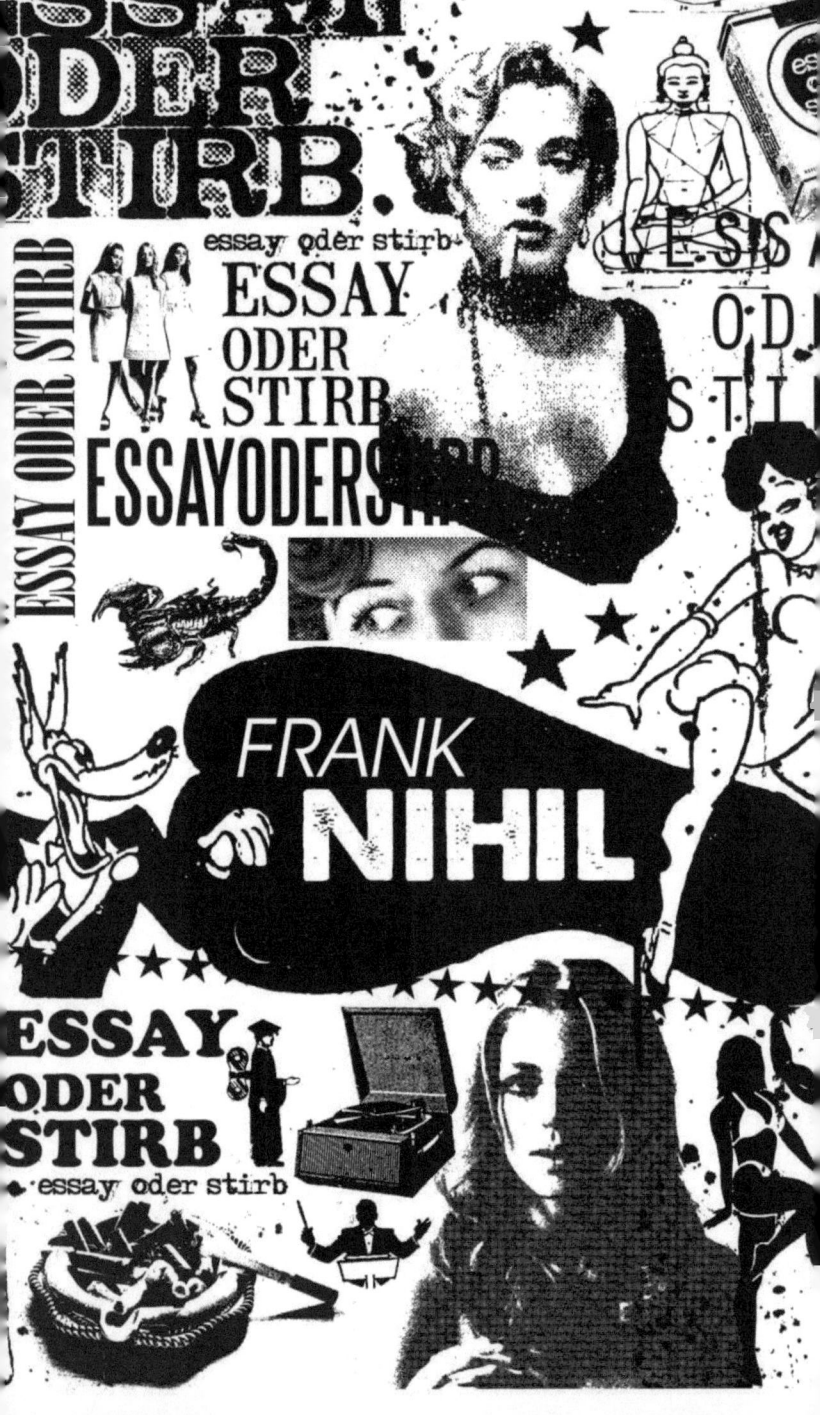